그리스·로마 설화 3
대리석 공주

메네라오스 스테파니데스 글
포티니 스테파니디 그림

파랑새

소년의 마음속에는
꼭 한 가지 야망이 있었어요.
악독한 거인과 싸워 이겨서 더 이상 사람들을
괴롭히지 못하도록 만드는 것이었지요.

옛날 옛적에 어떤 부부가 살고 있었어요.

그들에게는 아이가 하나밖에 없었지만 그 아이는 대단한 아이였어요. 보통 아이들보다 열 배는 더 대담하고 용감했거든요.

그 부부에게는 암소 두 마리와 그 소들에게 풀을 먹일 조그만 풀밭이 있었지만, 갈비뼈가 다 드러나도록 비쩍 마른 가엾은 암소들에게 그 풀밭은 너무 작았지요. 그런 암소들이 우유인들 얼마나 만들어 낼 수 있었겠어요?

그렇지만 그 부부는 암소들을 그렇게 내버려두는 수밖에 다른 방법이 없었답니다.

사실 그 집 옆에는 넓은 초원이 펼쳐져 있었어요. 거기서 풀을 뜯어 먹을 수만 있다면 암소들은 단박에 살이 통통 올랐을 거예요. 그 넓은 초원에는 언제나 풀이 우거져 있었고, 풀을 뜯어 먹는 다른 짐승들도 없었으니까요.

어느 날 아이가 물었어요.

"아버지, 왜 소들을 집 옆에 있는 넓은 초원에 풀어놓지 않나요?"

"애야, 그러면 절대로 안 된다. 저 초원은 악독한 거인의 것이란다. 그 거인은 노상 남을 괴롭힐 궁리만 하고 있기 때문에 꼬투리를 잡혀서는 결코 안 돼."

아이는 어째서 그렇게 많은 풀을 그냥 썩혀 두어야 하는지, 왜 가엾은 자기 집 암소들이 거기에서 풀을 뜯어 먹으면 안 되는지 도무지 이해할 수가 없었어요.

"이해할 수 없어요."

"무조건 안 된다."

'나는 반드시 저 많은 풀을 우리 소들에게 먹일 거야.'

아이는 소년으로 조금씩 자라고 있었어요.

"이건 불공평해!"

아이는 혼자 중얼거렸어요.

아이도 자기의 부모처럼 착하고, 친절한 마음씨를 가지고 있었어요. 거기에다 아이는 대담하고 용감함까지 갖추었으니, 언젠가 거인에게 대들어야 할 때가 온다면 조금도 주저하지 않고 씩씩하게 싸울 게 틀림없어요.

어느 날 아이가 말했어요.

"아버지, 이제 우리 소들을 거인의 초원에 풀어 놓아요."

"애야, 지금 제정신으로 하는 말이니? 거인은 우리 오두막을 때려부수고, 풀밭을 빼앗아 갈 핑곗거리만 찾고 있어. 다른 사람들에게 한 짓을 보면 모르니?"

"아버지, 거인이 정말 그따위 놈이라면, 더더욱 싸워야지요."

"아이고, 맙소사! 내 아들이 저런 말을 하다니. 아주 얼이 빠졌구나!"

가엾은 아버지는 혼자 중얼거렸어요.

아버지는 소들이 행여나 작은 말썽이라도 일으키지 않을까 걱정하면서, 자기 땅 안에서만 풀을 먹고 거인의 초원에는 절대로 들어가지 않도록 단단히 돌보았어요.

아이는 이제 자라서 열다섯 살의 소년이 되었어요. 소년의 마음속에는 꼭 한 가지 야망이 있었어요. 악독한 거인과 싸워 이겨서 더 이상 사람들을 괴롭히지 못하도록 만드는 것이었지요. 하지만 아버지는 소년에게 소를 돌볼 기회를 한 번도 주지 않았어요.

그러던 어느 날, 소년의 아버지가 병이 들어서 자리에 눕게 되었어요. 어쩔 수 없이 집에서 아내의 보살핌을 받아야 했기 때문에, 아들에게 암소를 데리고 나가서 풀을 먹이라고 시킬 수밖에 없었지요.

"제발 소들이 거인의 초원에 들어가지 않도록 단단히 주의해라. 까딱 잘못하다간 우리 식구는 모두 끝장이다."

"걱정 마세요, 아버지."

소년이 대답했어요.

 소년은 늙고 병든 아버지를 괴롭히고 싶지 않았기 때문에 소들이 울타리에서 벗어나지 않도록 잘 돌보았답니다.

 소년이 끝까지 약속을 잘 지키자 아버지는 병이 다 나은 다음에도 아들에게 소들을 돌보도록 했어요.

 그러나 어느 날 저녁 아들이 집에 돌아올 때 보니, 소들이 풀을 어찌나 많이 먹었는지 배가 커다란 풍선처럼 부풀어 있었어요.

 '우리 소들이 어디서 저렇게 많은 풀을 먹은 걸까?'

아버지는 의심이 들기 시작했어요. 그러자 갑자기 가슴이 철렁 내려앉았어요.

"얘야, 혹시 우리 소들이 잘못해서 악독한 거인의 초원에 들어간 게 아니니?"

"맞아요. 제가 그리로 데리고 갔어요. 날마다 거기서 풀을 뜯어 먹게 했어요."

아들의 대답에 아버지는 온몸이 얼어붙고 말았어요.

"그 악독한 거인과 싸울 작정이란 말이니? 제 손으로 무덤을 파려고?"

"아버지, 거인이 우리를 해치지 못하게 하겠어요. 우리의 괴로움은 끝이 나고, 거인의 고통이 새로 시작되는 거예요."

'우리 아이가 완전히 정신이 나갔구나. 그나저나 우린 어찌 될까? 죽음의 여신이 별안간 들이닥

칠지도 모르니 이를 어쩌면 좋단 말인가?'

 가엾은 아버지는 혼자 중얼거렸어요. 이제는 죽을 일만 남은 것이라고 생각했어요.

 젊은 목동은 다음 날에도 다시 거인의 초원으로 풀을 먹이러 갔어요. 이번에 아버지는 그에게 축복을 빌어 주었어요.

 초원으로 나가 보니 이미 거인이 먼저 와 있었어요.

 "여기서 뭐 하는 거야, 이 벌레 같은 녀석아?"

거인은 벌컥 소리를 질렀어요.

"여기는 풀이 많으니까 소들에게 먹이는 겁니다."

"아니, 이 초원이 누구 것인지도 모른단 말이냐?"

"알다마다요. 하지만 여기서 풀을 먹이겠어요. 그렇지 않으면 풀을 그냥 썩히게 되니까요."

"감히 나한테 그렇게 지껄이다니! 너는 내가 누군지도 모르느냐?"

"모르긴요. 수호천사에게도 물 한 방울 주지 않는 악독한 거인이란 걸 잘 알고 있죠. 난 당신이 조금도 겁나지 않아요!"

"내가 겁나지 않는다고?"

"그래요. 조금도 겁나지 않습니다."

"이렇게 건방진 놈이 다 있나! 좋아, 내가 겁나

지 않다니, 나와 함께 가 보자. 내가 사는 곳을 보여 주마. 그러면 네놈이 정말 날 겁내는지, 겁내지 않는지 알 수 있지!"

"좋아요, 갑시다!"

거인과 젊은 목동은 한참 동안 걸어갔어요. 거인의 초원과 논밭들을 지나, 마침내 거대하고 우뚝 솟은 궁전 앞에 이르렀어요.

"여기가 바로 내가 사는 곳이다!"

호위병들이 무거운 철문을 열자 거인은 거드름을

떨며 말했어요.

그들은 넓은 궁전 안뜰로 들어갔어요. 그곳에는 쇠창살로 울타리가 쳐져 있었는데, 그 안에는 고양이와 개에서 늑대와 사자에 이르기까지 온갖 야수 같은 짐승들이 우글거리고 있었어요.

"이 짐승들은 다 뭡니까?"

목동이 물었어요.

"물어볼 것 없다. 너도 곧 저것들 틈에 낄 테니까, 그땐 다 알게 되겠지."

그들은 궁전 안으로 들어갔어요.

"이 방들을 다 보고 싶겠지? 행운을 빈다. 내가 얼마나 대단한 거인인지 네 녀석도 곧 깨닫게 될 거야. 너에게 좋을 게 없는 일이지만, 결국 너도 다른 녀석들하고 똑같이 될 테니까."

"나는 어떤 사람하고도 똑같이 되지 않을 겁니

다. 어쨌든 좋아요. 나는 이 방들을 다 보고 싶습니다."

"훌륭하군. 이 열쇠들을 받아서 문을 열고, 즐겁게 탐험해 보도록!"

거인은 마흔 개의 열쇠를 건네주며, 비웃듯이 말하고는 어디론가 가 버렸어요.

거인이 사라지고 나자 주변은 이상하리만치 조용했어요. 젊은이는 마음을 가다듬으며 크게 한 번 숨을 내쉬었지요. 새로운 모험이 자신을 기다린다고 생각하니 조금은 긴장이 되었거든요.

그렇지만 두렵거나 피하고 싶은 건 아니었어요. 어쩌면 젊은이는 아주 오래전부터 이 순간을 기다려 온 것일지도 몰라요.

드디어 젊은이는 첫 번째 문을 열었어요.

방 안에 있는 것이라곤 슬리퍼 한 켤레뿐이었어

요. 젊은이가 그것을 신자 몸이 어찌나 가벼워지는지 살짝만 뛰어도 천장까지 뛰어올랐어요. 바깥이었다면 아무리 넓은 강이라도 단번에 뛰어넘었을 테지요.

'너에게 좋을 게 없는 일이지만.'

젊은이는 거인의 말을 떠올렸어요.

그리고 슬리퍼를 가방 속에 얼른 집어넣으며,

거인과는
다르게 말했
어요.
"나에게는 아주 좋
은 일일걸?"

두 번째 문을 열자 작은 주머니칼이 놓여 있었어요.

칼은 둥근 탁자 위에 있었는데, 그 탁자는 커다란 통나무를 통째로 가져다 놓은 것이었어요. 젊은이가 통나무에 칼끝을 갖다 대자마자 통나무는 둘로 쫙 쪼개져 버렸어요.

"이것도 아주 신기하군."

그는 칼을 다시 접어서 가방에 담았어요.

세 번째 문을 열자 모자 하나만이 달랑 놓여 있었어요. 모자를 쓰자마자 그는 보이지 않는 투명 인간이 되었어요. 모자를

다시 벗자 모든 게 다시 보였지요.

"이것도 쓸모가 있겠는걸."

그는 웃으면서 모자도 얼른 가방 속에 넣었지요.

젊은이가 다음 방문을 열자, 거기에는 금화가 가득 쌓여 있었어요. 그다음 방문을 열자 이번에는 다이아몬드가 잔뜩 쌓여 있었고요, 또 다른 문을 열자 그 방에는 진주가 넘쳐 나고 있었어요. 나머지 다른 방들도 모두 값진 물건들로 가득 차 있었어요. 젊은 목동은 거인의 휘황찬란한 보물 때문에 눈이 부셨지만 보물들에는 손을 대지 않았어요.

"지금까지 집어넣은 것만으로도 충분해."

그는 이렇게 중얼거렸어요.

방 두 개가 남았어요. 젊은 목동은 앞쪽 방을 열어 보았어요.

과연 무엇이 있었을까요?

그 방에는 훌륭한 솜씨로 조각된 침대가 있었어요. 침대 위에는 천사처럼 아름다운 소녀가 누워 있었고요. 그는 처음에 그 소녀가 잠들어 있는 줄 알았어요.

그런데 자세히 보니 그것은 공주가 대리석으로 변한 모습이었어요. 젊은이는 가슴이 마구 뛰었어요. 그토록 아름다운 모습이 감탄스럽기도 했지만, 또 한편으로는 그 소녀의 처지가 너무도 가슴 아팠기 때문이었어요. 소녀에게 이런 나쁜 짓을 한 악독한 거인을 생각하니 더욱 화가 치밀어 가슴이 더 빨리 뛰었지요.

"저 소녀의 마법을 꼭 풀어 주겠어. 그런데 어떻게 해야 한담? 아마도 마지막 방에 무언가 이 비밀을 푸는 열쇠가 있겠지. 거인이 나한테 함정을

파 놓았다면, 그것도 그 방에 있을 거야. 내가
거인을 이길 수만 있다면 얼마나 행복할까!
모든 일이 기분 좋게 끝나게 될 거야. 나는
이 아름다운 소녀를 마법에서 구해 주고,
이 소녀도 만일 나를 좋아한다면,
반드시 내 아내로 맞이할 테니까."

 젊은이는 굳게 결심한 듯 중얼거
렸어요.

그는 조심조심 마지막 문을 열었어요. 그곳에는 키가 크고, 인상이 강한 여자가 떡 버티고 서 있었어요. 그 여자의 눈은 크고 검었지요. 눈썹도 치켜 올라가 있었어요. 그 여자는 자신감과 힘을 자랑이라도 하듯 턱을 치켜든 채 환영의 미소를 짓고 있었지요.

그 방은 엄청나게 큰 방이었어요. 방 뒤쪽에는 왕좌처럼 우뚝 솟아 있는 높은 의자에 악독한 거인이 앉아 있었어요.

그 여자는 아주 젊지도 아주 늙지도 않아 보였는데, 손에는 막대를 쥐고 있었어요. 그 여자는 아무 말 없이 몸짓으로 젊은 목동을 앞으로 불러냈어요. 젊은이는 자기가 상대하고 있는 여자가 마녀라는 것을 곧 알아챘어요. 그래서 짧은 걸음으로 두 걸음만 앞으로 나갔지요.

이번에는 그 여자가 앞으로 두 걸음을 나오더니 달콤한 미소를 지으면서 마법의 막대를 목동의 머리에 닿도록 뻗었어요.

젊은이는 번개 같은 몸짓으로 잽싸게, 마녀의 손아귀에서 막대를 낚아채 둘로 부러뜨려 버렸어요. 멋지게 해치운 것이죠!

마녀의 입에서 겁에 질린 무서운 비명 소리가 터져 나왔어요. 그 바람에 악독한 거인은 그만 높은 왕좌에서 곤두박질을 쳐

머리에 큰 상처를 입게 되었어요.

 젊은 목동은 워낙 친절한 마음씨를 가진 터라 악독한 거인이 막상 쓰러지자, 가엾은 마음에 얼른 거인을 도우러 달려갔어요.

 마녀는 거만하던 모습은 다 어디로 사라졌는지 방구석에서 꼼짝 않고 웅크리고만 있었어요.

 거인은 고통스러운 신음 소리를 내며 말했어요.
"도와줘도 소용 없어.

나는 죽을 거야. 내가 졌다. 너는 이제 내 손아귀에서 벗어났으니, 궁전 안뜰에 있는 놈들처럼 짐승으로 바뀌는 일은 없을 거다. 그놈들도 한때는 다 사람이었지.

내 성을 너에게 넘기마. 내 모든 재산과 호위병과 하인들도 모두 네 것이 되었다. 너한테 있는 마흔 개의 열쇠 중에서 마지막 열쇠는 밖으로 나가는 문도 열 수 있다. 나는 너를 해치려고 했지만 지금은 너를 도와주려 한다.

뒤뜰로 가면 날개 달린 백마가 있을 거야. 그 말은 날 수 있을 뿐 아니라 말도 하고, 미래의 일도 알아맞히는 말이지. 그 말과 친구가 되어라. 그러면 네가 생각한 것보다 훨씬 더 많은 도움을 받을 것이다.

뛰어오를 일이 있을 때는 그 슬리퍼를 신어라.

보통 칼로 잘리지 않는 것들은 무엇이든 네 칼로 잘라라. 네 모습을 숨기려면 그 모자를 써라.

 대리석 공주를 너도 보았지?

 참으로 아름다운 여인이지. 내가 아내로 삼으려고 데려왔던 공주다. 그러나 어찌 알겠느냐. 그 공주가 나를 쳐다보지도 않을 줄이야. 나는 조금씩 공주의 관심을 끌 수 있으리라 믿었다. 하지만 그 눈부시게 아름다운 공주를 내가 너무나 사랑하자, 그만 질투심 넘치는 마녀의 화를 불러일으키고 말았어. 마녀는 공주를 대리석으로 만들어 버렸지. 이제 마녀를 타일러서 돌로 변한 공주의 주문을 풀어 주고, 짐승으로 변한 자들도 다 사람으로 되돌려 주어라."

 거인의 말을 듣자마자 마녀는 재빨리 달아나 버렸어요.

젊은이는 곧바로 뒤쫓아 갔지만 마녀는 연기로 변해 사라지고, 마녀의 목소리만이 허공에서 울려 퍼졌어요.

"나는 붉은 탑으로 간다. 네가 결코 찾아내지 못할 곳이지. 설사 찾는다 해도, 그러면 네 목숨도 끝장이 나는 거지."

젊은이는 다시 거인에게로 달려갔어요. 거인 주위에는 주인을 도우러 달려온 하인과 호위병들이 둘러싸고 있었지만 아무 일도 할 수가 없었어요. 악독한 거인은 이미 숨이 끊어졌어요.

거인을 떠받들던 하인과 호위병들이 울며 슬퍼했을까요? 자신이 섬기던 주인이 세상을 떠났으니 말이에요. 그들은 오히려 기뻐했어요. 거인이 하는 일이라고는 다른 사람들을 괴롭히는 것뿐이었으니, 하루빨리 거인에게서 빠져나오고 싶어했지요.

하인과 호위병들은 모두 젊은이에게 엎드려 절을 하며 소리쳤어요.

"어떤 명령이든 따르겠습니다. 새 주인님!"

그러나 젊은 목동은 시간이 없었어요. 서둘러 뒤뜰로 가 보니 거인의 말대로 사납게 울부짖는 백마 한 마리가 있었어요. 그는 말의 목을 쓰다듬

으면서 사람에게 하듯이 말을 걸었어요.

"나는 대리석 공주를 구해 주고 싶단다. 짐승으로 변해 버린 사람들도 구해 주고 싶어. 이런 못된 짓을 한 마녀를 찾을 수 있게 나를 도와주렴. 지금 붉은 탑으로 날아가야 하거든. 거기가 어딘지 알고 있다면, 또 너도 좋은 일을 하고 싶다면, 제발

나를 거기로 데려다줘."

젊은이의 말이 끝나자, 말은 온순하게 울면서 대답했어요.

"나만이 붉은 탑이 어디 있는지 말해 줄 수 있지. 내 등에 타면 그곳으로 데려다줄게. 나는 네가 착한 마음으로 이 일을 하려는 걸 알아. 하지만 마녀를 잡아 항복하게 하는 건 네가 생각하듯 그리 쉬운 일이 아니지. 마구간으로 가 봐. 거기 선반 위에 거울과 주머니칼과 천 조각이 있을 거야. 그 귀중한 것들은 다 마법의 물건들이야. 너한테 꼭 필요할 거야."

말은 그 물건들을 사용하는 법을 자세히 설명해 주었어요.

젊은이는 가서 백마가 말한 것들을 가지고 온 다음, 말 등에 올라탔어요. 말은 거대한 흰 날개를 펼치며 하늘로 높이 날아올랐어요.

한참 동안을 날아가자 저 앞에 파란 구름이 보였어요.

"저건 무슨 구름이지?"

그가 물었어요.

"저건 구름이 아니라 바다의 청년이야. 저 친구를 만나러 가자."

"안녕하세요?"

젊은이는 바다의 청년을 만나자 인사했어요.

"어서 와, 젊은 친구. 너는 멋지고 힘센 젊은이구나. 나처럼 말이야. 하지만 솔직히 말해 저 악독

한 거인을 물리친 친구에 비하면 우린 사실 별것도 아니지."

바다의 청년이 말했어요.

"혹시 그 친구를 만나게 된다면 뭐라고 부를 건가요?"

"나의 형제여!"

"좋아요, 내가 바로 그 친구랍니다. 그러니 이제 우리 의형제를 맺읍시다!"

그들은 팔을 내밀어 서로 껴안고 입맞춤을 나누었어요. 그런 다음 손가락을 찔러 나온 피를 섞어 의형제의 표시로 삼고, 함께 길을 떠났어요.

한참 동안 날아가니 한 도시가 나타났어요. 도시 한가운데에 있는 큰 광장에는 많은 군중들이 모여 있었어요. 왕은 열두 신하와 더불어 있었고, 그들은 모두 '마법에 걸린 대리석'을 둘러싸고 있었어요. 대리석이 얼마나 큰지 여섯 사람이 팔을 펼치고도 둘러쌀 수 없을 만큼 거대한 돌덩어리였어요.

그 사람들은 모두 신에게 빌고 있었어요. 그 대리석을 두 조각 내 달라고 말이지요. 그들은 그래야만 이 도시의 불행을 없애 버릴 수 있다고 믿고 있었어요. 그러나 신은 기도를 들어줄 마음이 없어 보였어요. 게다가 그 대리석은 너무나 단단해서 자르거나 깨뜨리기는커녕 겉면에 상처를 내는 것조차 힘들었지요.

젊은 목동은 그곳으로 다가가 대리석에 새겨진 글귀를 읽었어요.

이것을 단칼에 둘로 쪼개는 사람은 백성들
에게 큰 은총을 베풀게 될 것이다.

젊은이는 마법의 칼을 꺼내 대리석을 내리쳤어요. 대리석은 곧장 둘로 쪼개졌어요. 너더욱 놀라운 일은 광장이 금화로 가득 찬 거예요!

모두 가져갈 수 있을 만큼 금화를 다 가져갔는데도, 왕의 몫이 아직도 수북이 남아 있었어요.

모두들 젊은이를 칭찬하고 고마워했지요. 왕이 말했어요.

"너는 내 백성들과 나에게 이렇게 큰 도움을 주었으니 내 딸을 아내로 삼도록 하여라."

"감사합니다, 폐하. 하지만 따님은 저의 형제인 바다의 청년과 결혼시켜 주십시오. 저는 다른 사람과 이미 약속을 한 몸입니다. 게다가 이 청년은 저보다 훨씬 훌륭한 친구랍니다."

왕이 젊은이의 말을 받아들여서, 바다의 청년은 아름다운 공주와 결혼을 하게 되었답니다.

헤어지기 전에, 젊은 목동은 마구간에서 가져온 마술 거울을 꺼내 바다의 청년에게 주며 말했어요.

"이 거울을 받아 둬. 만일 거울에 김이 서리면, 내가 급히 도움이 필요하다는 뜻이니, 나를 도우러 달려와 주게."

이 말과 함께 젊은 목동은 신비한 백마에 올라타고, 붉은 탑을 향해 하늘로 날아올랐어요.

얼마 동안 날아가니 저 앞에 검은 구름이 보였어요.

"저기 이상한 구름이 있군. 저건 또 뭐지?"

그가 물었어요.

"저건 구름이 아니라 땅의 청년이야. 저 친구를 만나러 가자."

"안녕하세요?"

젊은이는 땅의 청년을 만나자 인사했어요.

"어서 와, 젊은 친구. 너는 멋지고 힘센 젊은이구나, 나처럼 말이야. 하지만 저 악독한 거인을 물리치고, 단칼에 마법의 대리석을 두 조각 낸 친구에 비하면 우린 별것 아니지."

땅의 청년이 말했어요.

"혹시 그 친구를 만나게 된다면 뭐라고 부를 건가요?"

"나의 형제여!"

"좋아요, 내가 바로 그 친구랍니다. 그러니 이제 우리 의형제를 맺읍시다!"

그들은 팔을 내밀어 서로 껴안고 입맞춤을 나누

었어요. 그런 다음 손가락을 찔러 나온 피를 섞어 의형제의 표시로 삼고, 형제가 되어 함께 길을 떠났어요.

한참을 날아가자 큰 도시에 다다르게 되었어요. 그 도시는 거대한 강이 가운데로 흘러 둘로 나뉘어 있었어요.

"저건 '저주받은 강'이야. 강이 마법에 걸려 있어서 그렇게 부르지. 저 강은 매번 둑을 무너뜨리고, 엄청난 피해를 입힌단다. 물줄기만 바뀌면 둑이 무너지는 걸 막을 수 있는데, 그러려면 저 강을 단 한 번에 건너야만 된대. 하지만 너도 보다시피 그건 말도 안 되는 일이잖아?"

하얀 말이 말했어요.

바로 그때, 저 밑 쪽에서 큰 소리가 들려왔어요. 왕이 저주받은 강에서 도시를 구해 내는 사람을 자기 딸과 결혼시키겠다는 얘기였어요.

"저기 궁전 옆으로 내려가 보자."

젊은이가 말했어요.

그들은 재빨리 내려갔어요. 젊은이는 곧장 왕을 찾아갔답니다.

"만수무강하소서, 폐하! 저는 단 한 번에 저 강을 뛰어넘을 수 있습니다."

그가 말했어요.

"믿어지진 않지만 혹시 모르니, 해 보기는 하거라. 만일 성공한다면, 내 딸과 결혼시키는 것 뿐만이 아니라 내 자리까지 너에게 주겠다."

왕과 신하들은 기적을 바라면서 강둑으로 모였어요.

젊은 목동은 마법의 슬리퍼를 신었어요. 그러고는 공중으로 펄쩍 뛰어오르자 기적이 일어났어요! 그처럼 넓디넓은 강을 단번에 건넌 거예요!

그러자 또 다른 기적이 일어났어요. 강이 부글부글 끓어오르고 거품이 나기 시작하더니, 강물이 바다로 흐르지 않고 방향을 바꾸어 거꾸로 흘렀어요. 그렇게 뒤로 흐르게 되자 강물이 불어나고 불어나서 홍수가 나듯이 엄청난 양이 되었어요.

강물은 마침내 산을 넘어 흘렀어요. 그러자 거대한 파도가 산을 둘로 갈라 놓으면서 깊은 골짜기가 생겨났어요. 이 골짜기 사이로 새로운 강이 흘렀어요. 이제 저주받은 강은 축복의 강으로 바뀌어 그때까지 메마르고 헐벗었던 들판을 적셔 주게 되었답니다.

흥분이 가라앉자 왕은 젊은이를 힘차게 껴안았어요.

"이제 너는 내 딸과 왕국을 전부 가져도 좋다!"

왕이 그에게 입맞춤을 하며 말했어요.

"아닙니다, 폐하. 하지만 따님을 제 형제인 땅의 청년과 결혼시켜 주십시오. 그는 저보다 훨씬 훌륭한 청년입니다. 제게는 사정이 있답니다."

언제나 대리석 공주를 마음에 두고 있는 젊은이가 말했어요.

왕은 그 말을 받아들였어요. 그래서 땅의 청년은 아름다운 공주와 결혼을 했지요.

땅의 청년과 헤어지면서, 젊은이는 다정하게 말

했어요.

"나의 형제여, 이 주머니칼을 지니고 있게. 칼은 늘 열어 두고 있도록 해. 그러다 혹시 칼이 저절로 닫히게 되면, 내가 아주 급한 도움이 필요하다는 뜻이니, 그때는 바로 나를 도우러 와 주게. 내가 어느 곳에 있든지 말이야."

그러고 나서 그는 날개 달린 말을 타고 못된 마녀를 찾으러 붉은 탑을 향해 날아갔어요.

갑자기 눈앞에 불꽃처럼 붉은 구름이 나타났어요.

"저기 또 구름이 있군. 저 불타오르는 구름은 뭐지?"

그가 물었어요.

"저건 구름이 아니라 태양의 아들인 하늘의 청년이야."

"안녕하세요?"

젊은이는 하늘의 청년을 만나자 인사했어요.

"어서 와, 젊은 친구. 너는 멋지고 힘센 젊은이구나, 나처럼 말이야. 하지만 저 악독한 거인을 물리치고, 단칼에 마법의 대리석을 두 조각 내고, 한번에 저주받은 강을 뛰어넘은 친구에 비하면 우린 별것 아니지."

하늘의 청년이 말했어요.

"혹시 그 친구를 만나게 된다면 뭐라고 부를 건

가요?"

"나의 형제여!"

"좋아요, 내가 바로 그 친구랍니다. 그러니 이제 우리 의형제를 맺읍시다!"

그들은 팔을 내밀어 서로 껴안고 입맞춤을 나누었어요. 그런 다음 손가락을 찔러 나온 피를 섞어 의형제의 표시로 삼고, 함께 길을 떠났답니다.

붉은 탑을 향해 가던 중, 또 다른 큰 도시에 이르렀어요. 그 도시에는 슬픔으로 미쳐 버린 왕이 살고 있었지요. 공주가 밤에 잠자리에 들 때마다 사라져 밤새 보이지 않았기 때문이랍니다. 아무도 공주가 어디로 가는지 알아낼 수가 없었어요. 어디선가 공주가 돌아올 때 보면, 공주는 무언가에 홀려 있는 것처럼 행동했어요. 대체 무슨 일이 있는 것인지 알아내기 위해 공주를 감시하도록 했지만, 공주는 감시인들을 잘도 따돌렸지요.

이제 왕은, 누구든 공주가 밤마다 어디에 가는지 알아내는 사람에게 공주를 아내로 삼게 해 주겠다는 선언까지 하였답니다.

목동은 이 소리를 듣고 궁전으로 갔어요.

"폐하, 제가 따님이 가는 곳을 알아내겠습니다."

"젊은이, 많은 사람들이 나한테 그렇게

대리석 공주

말했다네. 그들 중 몇몇 사람은 꼭 알아낼 것처럼 보이기도 했지. 나는 그들이 필요하다고 하는 건 다 주었지만 아무것도 된 게 없네. 그래도 한번 필요한 걸 말해 보게. 자네도 해 보긴 해야 할 테니까."

"아무것도 필요 없습니다. 공주님 방에서 잘 수만 있게 해 주십시오."

사람들이 공주의 방에 침대 하나를 더 갖다 놓았어요. 젊은 목동은 그곳으로 자러 갔지요.

공주가 그를 보고 이죽거렸어요.

"내가 밤마다 어디에 가는지 알아내려고 온 녀석인가 보구나?"

"예, 그렇습니다. 저는 꼭 알아낼 것입니다!"

"그렇다면 말해 주지. 나는 아무 곳에도 가지 않아. 그건 모두 사람들이 꾸며 대서 하는 말이야."

"그러길 바랍니다. 지금은 너무 피곤해서 자야 겠습니다."

젊은이는 하품을 크게 하며 말했어요.

공주는 자기 침대에 누웠고, 젊은이도 자기 침대에 누웠어요. 잠시 후 목동은 코를 골기 시작했어요. 너무도 감쪽같아서 진짜로 잠이 든 것만 같았지요.

속아 넘어간 공주는 침대에서 일어났어요. 그러고는 살금살금 까치발로 걸어가 옷을 입고 방을 나갔어요.

젊은이도 곧 일어나 마법의 모자를 썼어요. 모습이 보이지 않게 되자 몰래 공주를 따라갔어요.

그들은 수많은 별들이 신비롭게 빛나고 있는 환상적인 숲속 빈터에 도착했어요. 눈부시게 아름다운 바다의 요정들이 그곳에서 춤을 추고 있었

고, 숲의 요정들이 노래를 부르고 있었어요.

공주가 도착하자마자, 물의 요정이 공주의 목에 진주를 감아 주려고 다가왔어요. 그런데 공주가 서두르는 바람에 그만 목걸이가 떨어지고 말았어요. 젊은이는 얼른 달려가 그것을 낚아챘지요. 바다의 요정들은 아무리 찾아 봐도 목걸이를 찾을 수가 없었어요. 그들은 공주에게 새 목걸이를 준 다음, 모두 함께 공주와 춤을 추었어요. 공주가 팔을 뻗으며 춤을 추고 있을 때, 젊은이는 재빨리 달려들어 눈 깜짝할 새에 공주의 반지를 빼 갔어요.

"내 반지! 내 소중한 반지가 사라졌어요!"

공주가 걱정스러운 목소리로 외쳤어요.

모두들 함께 찾아 봤지만 아무런 소용이

없었지요.

  젊은이는 얼른 궁전으로 돌아와 침대에 누워 잠을 청했어요. 이번에는 정말로 잠이 들었답니다.

  날이 밝자 공주도 돌아왔어요. 공주는 자고 있는 그를 보고 비웃었지요.

젊은이는 일어나자마자 곧장 왕에게로 가서 말했어요.

"어젯밤에 공주님을 따라가 보았습니다. 공주님을 모셔다 놓고, 말씀을 드리겠습니다."

사람들이 가서 공주를 불러 오자 젊은이는 이야기를 시작했어요.

"어젯밤 우리가 각자의 침대에 누웠을 때, 저는 당장 자는 척을 했지요. 제가 코까지 골자 공주님이 일어나더니 옷을 입고 나가더군요."

"아바마마, 거짓말이에요."

공주가 소리쳤어요.

"저는 공주님을 따라갔습니다. 어떻게 눈에 띄지 않았는지는 묻지 마십시오. 제가 말한 것을 증명할 수 있으니까요. 우리는 긴 길을 따라 걸어갔지요. 공주님이 앞서고 저는 뒤를 따랐어요. 우리는 수많은 별들이 빛나는 마법의 숲속 빈터에 도착했습니다."

"저 사람은 새빨간 거짓말쟁이예요, 아바마마. 들을 필요도 없어요!"

목동은 그 말에는 아랑곳하지 않고 말을 이어 나갔어요.

"그곳에는 거미줄로 짠 옷을 입고, 부드러운 바람에 흔들리는 베일을 쓴 물의 요정들이 춤을 추고 있었습니다. 숲의 요정들은 아름다운 노래를 부르고 있었지요. 공주님이 가자마자 바다의 요정들이 달려와 진주를 걸어 주려 했지만 실수로 그것을 떨어뜨렸지요. 그 진주를 제가 얼른 주웠습니다."

"아바마마는 어떻게 저런 말도 안 되는 이야기를 참고 들으실 수가 있어요?"

공주가 물었어요.
"보세요, 여기 있어요. 이것을 모르겠나요?"
젊은이는 공주에게 목걸이를 불쑥 내밀었어요.
"모, 모르겠어요."
공주는 우물우물 말했지만 그 얼굴에는 분명 당황한 빛이 스쳐 지나갔지요.
젊은이는 태연하게 계속 말했어요.
"제가 목걸이를 채 가자 요정들은 다른 목걸이를 가져와 공주에게 걸어 주었어요. 공주는 요정들과 함께 춤을 추었지요. 그때 나는 요정들이 눈치 못 채게 공주의 손에서 반지를 빼냈지요. 자, 여기 있습니다. 공주님도 더 이상은 아니라고 못 할 것입니다."

공주는 반지를 보자마자 얼어붙은 것처럼 꼼짝도 못했어요. 공주는 절망에 빠져서 자기도 모르게 이마를 탁탁 쳤어요.

그러자 공주는 갑자기 깊은 잠에서 깨어났어요. 꿈속에서 현실로 돌아온 것처럼 말이에요.

바로 그 순간 못된 마녀가 공주에게 걸어 놓은 무서운 주문이 풀리게 된 거예요.

공주는 지고 있던 무거운 짐을 내려놓은 사람 같았어요. 공주는 아버지와 어머니에게 용서를 빌며 울음을 터뜨렸어요.

"울지 마라, 애야. 무서운 병이 낫게 된 걸 기뻐

해야지. 이 젊은이가 바로 너를 낫게 해 준 젊은이란다. 장차 네 남편이 될 사람이지."

"아닙니다, 폐하. 제게는 사정이 있습니다. 제 형제인 하늘의 청년과 따님을 결혼시켜 주십시오. 그는 저보다 훨씬 훌륭한 친구랍니다."

젊은이의 부탁대로 되었어요. 하늘의 청년과 헤어질 때, 젊은이는 그에게 마법의 천을 주면서 말했어요.

"이것을 받아 둬. 혹시 이 천에 피가 묻은 게 보인다면, 서둘러 나한테 와 주게. 급히 도와줄 일이 있다는 뜻이니까."

작별 인사를 마치자, 그는 날개 달린 말을 타고 하늘 위로 솟아올랐어요.

"말아, 이제 네가 알고 있는 그 탑으로 나를 데려가 다오. 마녀를 잡아서 대리석 공주와 짐승으로 변한 사람들을 주문에서 풀려나게 하자꾸나."

그 신비스러운 말은 젊은이의 부탁대로 붉은 탑을 향해 쏜살같이 날아갔어요. 수평선 저쪽에 붉은 탑이 희미하게 보였어요. 드디어 마녀가 있는 곳에 도착한 거예요. 젊은 목동은 그것을 보자 어질어질했어요. 그 성벽은 얼마나 우뚝 솟아 있는지 구름에 휩싸여 있었어요. 성벽을 쌓은 하나하나의 돌들도 어마어마

하게 커다랬어요. 한눈에도 신화에 나오는 키클롭스같이 엄청나게 큰 거인이나 들 수 있는 돌들처럼 보였어요. 입구의 커다란 쇠문 두 개에는 끝이 날카로운 칼들이 빽빽이 꽂혀 있어서 밖에서는 누구도 다가갈 수가 없게 되어 있었고요.

하지만 젊은이의 신비로운 말은 탑으로 들어가는 데 아무런 어려움이 없었답니다.

말은 성벽 위로, 경비병의 머리 위로 높이 솟아올랐어요.

 저 아래쪽 궁전 뜰에는 수많은 짐승들이 보였어요. 젊은이는 저 짐승들도 한때는 사람이었다는 생각을 했어요. 만약 실패한다면, 자기도 저런 꼴이 될 게 분명했지요.

"착한 말아, 이제 저쪽 뒷문이 열려 있는 베란다

로 날아가자."

 신비로운 말은 젊은이가 가리킨 곳으로 즉시 날아갔어요. 젊은이는 마법의 칼을 손에 든 채 말에서 뛰어내려 탑으로 들어갔어요.

 바로 그곳에서 마녀는 태평스럽게도 흔들의자에 앉아 흔들거리고 있었어요. 깜짝 놀란 마녀는 그 자리에서 벌떡 일어났어요.

 "꼼짝 마라! 이젠 내 말대로 해야 할 거다. 내가 들고 있는 이 칼이 마법의 대리석을 쪼갠 바로 그 칼이라는 것을 너도 똑똑히 알 테니까."

 몸집은 크지 않아도 젊은이가 얼마나 대담한지 마녀도 잘 알고 있었지요. 마녀는 고개를 푹 숙인 채 항복했어요.

 "네가 시키는 대로 하겠다."

 마녀가 말했어요.

"잘 생각했다. 그럼 먼저, 네가 짐승으로 만들어 우리 안에 가두어 놓은 사람들부터 풀어 주도록 해."

마녀와 젊은이는 즉시 아래로 내려갔어요. 마녀는 짐승들의 마법을 풀어 주어 다시 사람으로 바뀌게 해 주었어요.

"이제 경비병들에게 문을 열라고 해서 저 사람들을 돌아가게 해라."

마녀에게 무슨 다른 수가 있겠어요? 마녀는 젊은이가 시키는 대로 했지요.

"자, 이제는 말에게로 돌아간다."

젊은이가 말했어요.

마녀와 젊은이는 재빨리 위로 다시 올라갔어요. 젊은 목동은 마녀를 말 등에 앉히고, 자기는 그 뒤에 올라탔어요.

"말아, 이제 악독한 거인의 성으로 돌아가자."

젊은이가 말했어요.

말은 넓은 날개를 펴고 하늘로 날아올랐어요.

돌아가는 길은 험난한 길이었어요.

한참을 날아간 다음, 물과 음식을 먹기 위해 그들은 잠시 쉬기로 했어요.

그들은 어떤 도시에 내렸어요.

운이 나쁘게도 이 도시의 지배자는 마녀의 친구였어요. 그 마법사는 그들을 환영하는 척하면서 몰래 마법의 칼을 빼앗아 숨겼지요. 그 틈을 이용하여 마녀도 얼른 몸을 숨길 곳을 찾아내 달아나고 말았어요.

젊은이는 슬픔에 사로잡혔어요. 이제 사랑스러운 대리석 공주는 영원히 그 악독한 거인의 성안에서 돌처럼 누워 있어야만 하는 건가요? 또한 끔

찍한 마녀가 짐승으로 바꾸어 놓은 사람들도 성안의 울에 갇힌 채로 영원히 머물러야 하는 건가요?

안 돼요. 결코 그럴 수는 없어요!

그때 젊은이의 머리에 형제들이 떠올랐어요.

과연 그 형제들은 지금 이 젊은 목동이 그들을 애타게 부르고 있다는 것을 알 수 있을까요?

이 용감한 젊은이가 이토록 커다란 위기를 맞이

하게 되자, 바다의 청년이 가지고 있는 거울에는 뿌옇게 김이 서렸고, 땅의 청년이 가지고 있는 주머니칼은 저절로 닫혔으며, 하늘의 청년이 가지고 있는 천은 붉은 피로 물들었어요.

형제들은 모두 젊은이가 자기를 찾고 있다는 것을 알았지요. 그들은 당장 각자의 구름에 올라탔어요. 그들은 모두 아주 멀리 떨어져 살고 있었지

만 젊은이가 자기들을 부른 곳으로 금세 모이게 되었답니다.

"무슨 일인가, 형제여? 도대체 무슨 나쁜 일이 생겼는가?"

"내 마법의 칼을 빼앗겼어. 마녀는 달아났고……. 마녀와 칼을 되찾지 못하면 대리석 공주도

구할 수 없고, 악독한 거인의 짐승들을 다시 사람으로 되돌아오게 할 수도 없어."

하늘의 청년은 즉시 아버지인 태양에게, 땅과 바다의 숨겨진 구석구석까지 강한 햇빛을 비춰 달라고 부탁했어요.

땅의 청년은 모든 동물들, 심지어는 개미들까지

불러 모아 빼앗긴 칼과 도망친 마녀를 찾으라고 명령을 내렸어요.

바다의 청년은 모든 물고기들에게 바다 왕국의 구석구석을 다 뒤져서 칼과 마녀를 찾아오라고 지시했어요.

이윽고 온 세상이 바쁘게 움직였어요.

먼저 땅끝과 바닷속 가장 깊은 곳까지 반짝이는 태양빛이 가득해졌어요. 땅 위 동물들은 냄새 맡기, 먼 곳의 소리 듣기, 좁은 곳까지 찾아보기 등 자신이 가진 재주를 발휘했지요. 물고기들은 또 어떻고요. 해초 사이사이, 바닷속 깊은 곳의 모래알 하나하나 샅샅이 살펴보았어요.

곧 좋은 소식이 날아왔어요. 돌고래가 바다 밑바닥에서 젊은이의 칼을 가져왔어요. 잠시 후에는 개미가 와서 무서운 마녀가 숨어 있는 곳을 알려 주었고요.

이제 위기는 간신히 벗어나게 되었답니다.

그동안 얼마나 많은 고생을 했나요! 드넓은 초원에 펼쳐진 풀밭을 두고도 악독한 거인의 위협에 막혀 소들에게 먹일 풀을 구하기 어려웠던 시간부터, 그 거인을 물리치고 마녀의 정체를 알게 되기까지 엄청난 고난과 모험의 여정이었지요. 그때 어린아이였던 소년은 이제는 젊은 청년이 되어 하늘과 땅과 바다의 청년들로부터 도움을 받고 위기를 벗어나게 된 것입니다. 눈물 없이는 견딜 수 없는 과정이었어요. 그러나 이제 젊은이는 희망을 갖게 되었습니다. 앞으로 어떤 일이 펼쳐질지 기대가 되었지요.

다시 칼을 받아 든 젊은이는 서둘러 개미가 알려 준 곳으로 달려갔어요. 마녀를 찾아낸 젊은이

는 마녀의 머리채를 잡아 말 등에 태운 다음, 서둘러 악독한 거인의 성으로 날아갔지요.

거인의 성에 도착한 젊은이는 우리에 갇혀 있는 짐승들을 보자 마녀에게 마술을 풀라고 명령했지요. 마녀는 시키는 대로 할 수밖에 없었어요. 그러자 짐승들은 모두 사람으로 돌아왔어요. 그들은 기쁨의 탄성을 지르며, 자기들을 구해 준 젊은이에게 감사했어요.

"자, 이제 대리석 공주가 누워 있는 방으로 가자!"

젊은이가 명령했어요. 마녀는 갑자기 그에게 매달려 부탁했어요.

"너는 훌륭한 젊은이야. 내가 졌어. 네가 시키는 대로 나는 붉은 탑과 이 궁궐에서 수많은 사람들의 마법을 다 풀어 주었어. 그러니 이번엔 네가 내 부탁을 하나만 들어주면 안 되겠니? 제발 부탁이니, 나에게서 악독한 거인의 사랑을 빼앗아

간 저 대리석 공주만은 영원히 저대로 놔두자구, 응?"

"조금이라도 더 꾸물거렸다간 목숨이 위험할 줄 알아!"

젊은이의 고함 소리에, 마녀가 더 이상 무슨 말을 할 수 있었겠어요?

마녀는 젊은이를 따라 아름다운 공주가 누워 있는 방으로 들어갔어요. 마녀는 오른손을 뻗어 떨리는 손가락으로 자기만 알고 있는 주문을 중얼거리며, 대리석 공주를 쓰다듬었어요.

그러자 곧 공주의 눈꺼풀이 떨리기 시작했어요.

"됐어. 이제 다음 명령은 뭐지?"

마녀가 젊은이에게 말했어요.

"당장 내 눈앞에서 사라져서 앞으로는 영원히 나타나지 말거라."

마녀가 사라지자, 아름다운 공주는 정신이 돌아오기 시작했어요.

공주는 마침내 눈을 뜨고, 방을 둘러보기 시작했어요. 그러다 멋진 젊은이에게 눈길이 멎자 어떻게든 일어나려고 했지만 공주에게는 힘이 하나도 없었어요.

젊은이는 손을 내밀어 공주를 일으켜 주었어요.

"내가 이렇게 오래 자다니, 세상 모르고 잠들었나 봐요!"

공주는 하품을 하며 말했어요.

"잠든 게 아니었어요. 마녀가 공주님을 대리석으로 변하게 했던 겁니다."

"아, 그 여자! 기억나요. 마녀가 나를 또 해치면 어쩌지요? 무서워요. 게다가 마녀가 그러지 않더라도, 그 거인, 그 악독한 거인이 나를 해치려고

할 거예요!"

"겁내지 말아요. 악독한 거인은 죽었습니다."

"마녀는 조금 전에 강물 속으로 사라졌고요."

젊은 목동의 세 형제가 문을 열고 들어서며 말했어요.

"그런데 나는 어떻게 마법에서 풀려난 거죠?"

아름다운 공주가 물었어요.

그러면서 공주는 벌써 그 답을 알고 있다는 듯이, 커다란 갈색 눈동자로 그 멋진 젊은이를 바라보았어요. 그는 공주를 구해 낸 고귀한 정신의 아름다운 목동이었지요. 목동은 대답 대신 아름다운 공주를 힘껏 껴안았어요.

그러고는 형제들이 얼굴 가득 환한 미소를 지으며 바라보고 있는 가운데, 공주의 입술에 사랑의 입맞춤을 했답니다.

바로 다음 날, 이제는 모든 것이 제대로 돌아온 성안에서 성대한 결혼식이 치러졌어요. 잔치는 아흐레 낮과 밤 내내 이어졌어요.

젊은 목동의 아버지와 어머니도 거기에 있었어요. 딸을 영원히 잃어버렸다고 생각했던 공주의 부모도 있었고요. 땅과 바다와 하늘의 훌륭한 청년들인 신랑의 세 형제들도 물론 그 자리에 있었지요.

그뿐인가요? 그곳에는 마녀가 짐승으로 변하게 했던 사람들도 있었어요.

그들은 매일 밤 그곳에 앉아 멋진 이야기로 손님들을 즐겁게 해 주었지요. 용감한 젊은이가 어떻게 자신들을 구해 주었는지, 그리고 거인의 궁궐에서 탈출할 때 얼마나 짜릿한 기분이었

는지도요.

　하인과 경비병들은 쉴 새 없이 이리저리 뛰어다녔어요. 손님들의 시중을 드느라고 바쁘기도 했지만, 너무 즐겁고 기뻐서 그랬답니다. 그들 역시 악독한 거인과 그보다 더 끔찍한 마녀의 굴레에서 풀려났으니까요.

　정말로 있었던 일에 거짓말을 섞어 넣는 것은 옛날 이야기들이 언제나 하는 수법이지요. 하지만 설사 마법의 시대라 할지라도, 우리들이 원하는 건 그럴 듯한 이야기랍니다!

문해력을 키워주는
감성의 보물창고 <그리스·로마 설화>

　여러분은 <그리스·로마 신화>에 대해 평소에 많이 들어 보았을 거예요. 상상력의 보물창고라는 별명을 가진 <그리스·로마 신화>는 고대 그리스에서 생겨나 로마 제국으로 이어지는 신들의 이야기입니다. 옛날 사람들의 상상 속에서 창조된 제우스, 헤라와 같은 신비로운 신들의 이야기인 <그리스·로마 신화>는 수천 년이 지난 현대사회에서도 마치 생명이 있는 것처럼 살아 숨을 쉬는 이야기로 여겨집니다. 이렇게 오늘날까지도 과학과 철학 그리고 예술 세계에 큰 영향을 미치고 있어 꼭 읽어야만 하는

<그리스·로마 신화>는 엄청나게 많은 신들의 세계가 복잡하게 얽혀 있는 커다란 규모의 이야기이기 때문에, 신화 속의 세계를 깊이 있게 이해하기 위해서는 세상에서 실제로 일어나지 않는 일을 마치 실제처럼 재미있게 엮은 이야기 즉, 전해져오는 상상의 이야기를 감성으로 이해할 줄 알고 익숙해져야 합니다. 그래서 신화와 함께 읽는 감성의 보물창고 <그리스·로마 설화>를 여러분에게 소개합니다. 지금부터 떠나게 될 <그리스·로마 설화>에는 바로 그런 옛날이야기들이 가득 담겨 있습니다. 특별한 민

족의 사이에서 조상들의 입으로 전승되어 오는 전설이나 민담의 이야기가 바로 설화입니다. 그래서 설화는 익숙한 옛날이야기 같기도 하면서 신화처럼 신비롭기도 하고, 마치 앞으로도 일어날 수 있을 것만 같은 상상의 세계를 감성의 보물창고로 열어주고, 신화를 읽기 위한 문해력을 풍부하게 성장시켜줍니다. 이제 상상력의 보물창고 <그리스·로마 신화>와 함께 읽는 감성의 보물창고 <그리스·로마 설화>를 통해 재미있는 보물찾기 여행을 함께 떠나 보세요.

감성의 문해력을 키워주는
《그리스·로마 설화》

제1권 의지와 행복
  슬픈 나이팅게일

제2권 진정한 용기
  호두 속으로 들어간 드레스

제3권 뚝심과 선량함
  대리석 공주

제4권 심술과 질투
  열두 달 이야기

제5권 지혜와 위로
  고양이와 아기 곰

제6권 자유와 선택
  물의 요정과 신비한 베일

제7권 죄의 의미
  상추 잎 한 장

제8권 아름다운 사랑
  백조와 미녀

제9권 돈의 의미
  세 가지 충고

제10권 진실과 거짓
  게으른 점쟁이

뇌과학자 정재승이 추천하는
인간을 이해하는 12가지 키워드로 신화읽기
《그리스·로마 신화》

제1권 키워드 권력
  제우스 헤라 아프로디테

제2권 키워드 창의성
  아폴론 헤르메스 데메테르 아르테미스

제3권 키워드 갈등
  헤파이스토스 아테나 포세이돈 헤스티아

제4권 키워드 호기심
  인간의 다섯 시대 프로메테우스 대홍수

제5권 키워드 놀이
  디오니소스 오르페우스 에우리디케

제6권 키워드 탐험
  다이달로스 이카로스 탄탈로스 에우로페

제7권 키워드 성장
  헤라클레스

제8권 키워드 미궁
  페르세우스 페가소스 테세우스 펠레우스

제9권 키워드 용기
  이아손 아르고스 코르키스 황금 양털

제10권 키워드 반전
  전쟁 일리아드 호메로스 트로이

제11권 키워드 우정
  오디세우스

제12권 키워드 독립
  오이디푸스 안티고네 에피고오니